空手道教範

パープーレン
PAPUREN

JKF糸東会制定

空手道教範

パープーレン

「パープーレン」は、諸説あるものの、中国福建省の白鶴拳に源流があると言う説が有力です。そのため、開手による攻防が特徴的となっています。滑らかで俊敏な動きで近年様々な競技会で使用されることが多くなってきています。

　「座湾立ち」「平行三戦立ち」「添え足立ち」「鶴翼の構え」「酔羅漢の構え」「一本拳」という他の形にはあまり見られない技、弧拳の多用という特徴があることから、解釈が別れるところでもあります。

　糸東流の流れを汲む各流派でも様々な解釈がありますが、全日本空手道連盟糸東会では、ここ数年分解を含め技術検討重ねてきました。ついに令和元年「糸東会制定・パープーレン」として公表を決定しました。

＊白鶴拳は、福建少林寺の僧で少林十八羅漢拳の使い手である「方慧石」の娘「方七娘」が16歳の折、鶴の動きに触発され、少林十八羅漢拳に鶴の形意、姑娘歩といわれる歩法（纏足の女性が歩くような歩法）を合わせて編み出したと言われている。沖縄の古文書『沖縄伝武備志』に白鶴拳の記述がある。

◆座湾立ち

全身を真正面に向けたまま右足を移動。

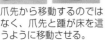

爪先から移動するのではなく、爪先と踵が床を這うように移動させる。

足の位置は、左膝を床に着けて確認する。この形になれば正しい。

◆平行三戦立ち

足の位置 →右図

後ろ足の爪先と前足の踵との前後の間隔は約一足長。両足の横の間隔は親指の内側から測り約一足長。軽く膝を曲げ、重心を両足間の中央に置く。

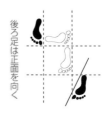

後ろ足は正面を向く

前足はやや内側に向ける

◆酔羅漢の構え

両開手で両腕を外側から半円を描き、両肘を少し曲げて、上段に構える。
このとき、両掌を前方へ向け、掌はやや斜め前方に（指先は斜め内側、両指の間隔は肩幅より広く）。

特徴

裏正面

裏正面斜右　　裏正面斜右

正面右　　　　　　正面左

正面斜右　　　正面斜左

正面

【気をつけ】

【礼】

【直立】

【用意】両掌を重ね下腹部前に（左手上）。

【挙動１】両掌を重ねたまま中段に。

【挙動２】両拳を脇に引く。

【挙動３】 正面を向いたまま右足を左前に出し、座湾立ち。

【挙動４】 左足を正面に出し、左猫足立ち。右拳と左開手で双手上段輪受け。

【挙動４】
右上段突きを、左開手上げ受け。同時に右上段突き。

【移行】 左足を真後ろに引く。

横

【挙動５】 右足を左足に引いて結び立ち。

【挙動６】 両踵を開き、平行立ち。下段掌底押さえ受け。

【移行】 右足で半円を描き正面に進め、右平行三戦立ち。

両開手（右手が外）を水月前で交差させながら止めずに次挙動へ。

【挙動7】 双手開手中段横受け。

【途中】 両開手（右手が外）を水月前で交差させながら止めずに次挙動へ。

【挙動8】 双手中段掛け手

【挙動7〜15】
右中段突きを、左開手中段横受け。

右上段突きを、右中段掛け手。

双手中段四本縦貫手。

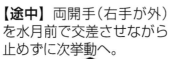

【途中】 両開手を脇に引きながら止めずに次挙動へ。

【挙動9】 寄り足で正面に踏み込み、右平行三戦立ち。すかさず双手四本縦貫手。

【途中】 両開手（右手が外）を水月前で交差させながら止めずに次挙動へ。

【挙動 10】双手開手中段横
受け。

【途中】両開手（右手が外）
を水月前で交差させながら
止めずに次挙動へ。

【挙動 11】双手中段掛け手

【途中】両開手を脇に引き
ながら止めずに次挙動へ。

【挙動 12】寄り足で正面
に踏み込み、右平行三戦立
ち。すかさず双手四本縦貫
手。

【途中】両開手（右手が外）
を水月前で交差させながら
止めずに次挙動へ。

【**挙動** 13】双手開手中段横
受け。

【**途中**】両開手（右手が外）
を水月前で交差させながら
止めずに次挙動へ。

【**挙動** 14】双手中段掛け手

【**途中**】両開手を脇に引き
ながら止めずに次挙動へ。

【**挙動** 15】寄り足で正面に
踏み込み、右平行三戦立ち。
すかさず双手四本縦貫手。

【**挙動** 16】左足を軸に正面
右に向き、右平行三戦立ち。
左開手中段横打ち。

右手は開手で
掌を左肘内側
に添える。

【挙動17】中段両弧受け（右前、左水月前）。

【途中】両開手を脇に引きながら止めずに次挙動へ。

【挙動18】寄り足で前方に踏み込み、右平行三戦立ち。すかさず双手四本縦貫手。

【挙動19】右足を軸に左回りで正面左を向き、左平行三戦立ち。右開手中段横打ち。

左手は開手で掌を右肘内側に添える。

【挙動20】中段両弧受け（左前、右水月前）。

【途中】両開手を脇に引きながら止めずに次挙動へ。

【挙動21】寄り足で前方に
踏み込み、左平行三戦立ち。
すかさず双手四本縦貫手。

【挙動22】左足を後ろ正面
に引きながら正面を向き、
右足を少し引き、右猫足立
ち。

中段両弧受け
（右前、左水
月前）。

【挙動23】右足を後ろ正面
斜左に引きながら正面斜左
を向き、左足を少し引き、
左猫足立ち。

左開手中段横受
け。右手は開手
で掌を左肘内側
に添える。

【挙動24-1】寄り足で前
方へ踏み込みながら、右掌
で中段押さえ受け。

【挙動24-2】すかさず左
上段四本平貫手。

【挙動25】右足を寄せ、左
猫足立ち。左手を戻す。右手
甲を上にして左肘下に添える。

【挙動 26】左足を後正面右に引きながら、正面斜右を向き、右足を少し引いて、右猫足立ち。

右開手中段横受け。左手は開手で掌を右肘内側に添える。

【挙動 27-1】寄り足で前方へ踏み込みながら、左掌で中段押さえ受け。

【挙動 27-2】すかさず右上段四本平貫手。

【挙動 28】左足を寄せ、右猫足立ち。右手を戻す。左手甲を上にして指先を左肘下に添える。

【挙動 29】正面を向き、右足の甲を左膝後ろに添え、鷺足立ち。

右開手中段横打ち。左手は開手で甲を右肘下に添え、手首をやや上に曲げ指先を反らす。

【挙動 30】右中段前蹴り。

【挙動 29〜31】
右中段突きを、右開手中段横打ち。

右中段前蹴り。

左上段四本平貫手。

【挙動31】 蹴った右足を正面右に運び、右前屈立ち。正面に左上段四本平貫手（甲が上、指先が目の高さ）。

右開手は甲を下にして脇に引く。

【挙動32】 左足を正面に半円を描きながら運び、左平行三戦立ち。

左中段掛け手。右手は脇につけたまま拳を作る。

【挙動33】 右足を正面に半円を描きながら運び、右平行三戦立ち。

右中段掛け手。左拳を脇に引く。

【挙動34】 左足を正面に半円を描きながら運び、左平行三戦立ち。左中段掛け手。左拳を脇に引く。

【挙動35】 正面に右中段前蹴り。

【挙動36】 蹴った足を前方に降ろし、左足を少し引きつけ、右平行三戦立ち。

右上段裏拳打ち。左掌を右肘前方に添える。

【移行】左足を正面に半円を描きながら運び、左前屈立ち。左開手を左外側から半円を描く。

【挙動 37】左開手中段押さえ受け。右拳は人差し一本拳で脇に引く（甲が下）。

【挙動 38】右足を左足に寄せ、添え足立ち。右中段縦人差し一本拳。

左開手は右肘下に引いて添える。

横

【挙動 39】右足を後正面に引き左前屈立ち。左上段四本平貫手（甲上、指先目の高さ）。

右手は後方に下段掌底当て。

横

【挙動 40】左足を軸に右回りで後正面に向かって右前屈立ち。右上段四本平貫手。

甲上、指先目の高さ。

左手は後方に下段掌底当て。

横

【挙動 41】右足を左足に引きつけ結び立ち。両拳を脇へ引く。

裏面

【挙動 37〜40】
右中段突きを、左開手押さえ受け。

右中段縦人差し一本拳。

左上段四本平貫手。

【挙動 42】左足で後正面に
向かって半円を描き、左前
屈立ち。左下段払い受け。
右拳は脇へ引く。

裏面

【挙動 43】右足を後正面に
向かって半円を描き前へ運
び、右平行三戦立ち。

右開手中段横
受け。左手は
後方に下段掌
底当て。

裏面

【挙動 44】右中段掛け手。

裏面

【挙動 45】左足を後正面に
向かって半円を描き前へ運
び、左平行三戦立ち。

左開手中段横
受け。右手は
後方に下段掌
底当て。

裏面

【挙動 46】左中段掛け手。

裏面

【挙動 47】右足を後ろ正面
に向かって半円を描き前へ
運び、右平行三戦立ち。

右開手中段横
受け。左手は
後方に下段掌
底当て。

裏面

【挙動48】右中段掛け手。

【挙動49】右足を軸に左回りで、正面斜左方向に左猫足立ち。中段両弧受け。（左前、右水月前）。

【挙動50】左足を後正面に引き、正面右方向を向き、右足を引いて右猫足立ち。

中段両弧受け。（右前、左水月前）。

【移行】左足を歩み足で右足の前に。

【挙動51】正面斜め右方向に、右中段前蹴り。

【移行】蹴った右足を後方に降ろす。

【移行】左足を後方に引く。　【挙動52】右足を少し引き、右猫足立ち。酔羅漢の構え。　【挙動53】両掌を重ね（右手が上）中段押さえ受け。

【挙動52〜71】
右中段突きを、開手押さえ受け。　左上段突きを、右上段流し受け。　右上段突きを右上段流し受けと同時に左掬い受け。　右腕を捻じって倒す。

【挙動54】右開手で小手を水平にし、顎の高さに肘を曲げ、左開手は甲を下に水月の高さ。　【挙動55】右手肘を左から右へ移動させながら掌底で上段流し受け。　【途中】右手を下げながら半円運動。

【途中】右手は半円運動で胸の前を通り、左手は左体側に移動。

【挙動56】右開手は左肩前に上げて小手を水平にして顎の高さ。掌は前方にやや前傾させる。

左開手は肘を曲げて左方上段に掬い受け。

【挙動57】両開手を同時に左から右へ上段流し受け。

【途中】

【途中】

【挙動 58】右手上段弧受け、左手中段弧受けを同時に（右手は前で顎の高さに、左手は胸の高さ）。

【挙動 59】右足を後正面左に引き、正面斜め左を向く。左足も少し引いて、左猫足立ち。

酔羅漢の構え

【挙動 60】中段押さえ受け。

【挙動 61】左開手は小手を水平にして顎の高さに肘を曲げ、掌は前方にやや前傾させる。

右開手は甲を下にし水月の高さ。

【挙動 62】左手肘を右から左へ移動させながら掌底で上段流し受け。

【途中】

【途中】

【挙動 63】左開手は右肩前に上げて小手を水平にして顎の高さ。掌は前方にやや前傾させる。

右開手は肘を曲げて右方上段に掬い受け。

【挙動 64】両開手を同時に右から左へ上段流し受け。

【途中】

【挙動 65】左手上段弧受け、右手中段弧受け。

【移行】左足を右足の横へ運び、正面を向いて閉塞立ちで膝を曲げる。両開手を中段で交差（左手が外）。

【途中】両開手を下方に降ろし半円を描く。

【挙動 65〜66】
右上段突きを、左上段弧受け。　　　　　左上段掌底当て。

【挙動66】膝を伸ばす。両肘をやや曲げた状態で体側上段に両弧受け。

【挙動67】両方の掌底で上段当て。

【移行】左足を正面に踏み出し、左鷺足立ち。両開手を胸の前で交差（左手が外）。

裏面

【挙動68】両開手を大きく開いて中段掛け手（鶴翼の構え）。

【挙動69】寄り足で後正面に下がり、左平行三戦立ち。両開手を脇に引く。

甲を上　　　　甲を下

【挙動70】寄り足で正面に踏み出し、左平行三戦立ち。四本平貫手。

いずれも正中線を突く。右開手肩の高さ、左開手中段の高さ。

【挙動 71】 左足を後正面に引き、右足も少し後正面に引き右猫足立ち。両中段弧受け。

【挙動 72】 右足を左足に寄せて結び立ち。両方の拳を脇に引く。

【挙動 73】 正面を向いたまま右足を左前に出し、座湾立ち。

【挙動 74】 左足を前に出し、左猫足立ち。右拳と左開手で双手上段輪受け。

【移行】 左足を真後ろに引く。

【挙動 75】 右足を左足に合わせて、結び立ち。両方の拳を脇に引く。

【止め】両方の開手を重ね
下腹部前に構える。　**【直立】**　　　　　　　**【礼】**

【気をつけ】

モデル紹介

佐藤優輝（さとう・ゆうき）
関西学院大学・体育会空手道部在籍中
【主な戦績】
高校時代：近畿大会準優勝／全国選抜大会出場／インターハイ出場／いわて国体・4位
大学時代：全関西学生空手道選手権大会 3位／全日本学生空手道選手権大会出場（1回生・2回生・3回生）
2019年空手道糸東会全国選手権大会・優勝

前埜光利（まえの・みつとし）
全日本空手道連盟糸東会　日本傳拳法糸東流五誓会
全空連公認四段／糸東会五段・準師範
兵庫県糸東会理事
（公財）日本スポーツ協会公認空手道コーチ1

Printed in Great Britain
by Amazon

23169006R00016